Rocas metamórficas

Grace Hansen

Abdo
¡SÚPER GEOLOGÍA!
Kids

Abdo Kids Jumbo es una subdivisión de Abdo Kids
abdobooks.com

abdobooks.com

Published by Abdo Kids, a division of ABDO, P.O. Box 398166, Minneapolis, Minnesota 55439.

Printed in the United States of America, North Mankato, Minnesota.

102019

012020

THIS BOOK CONTAINS RECYCLED MATERIALS

Spanish Translator: Maria Puchol

Photo Credits: iStock, Shutterstock

Production Contributors: Teddy Borth, Jennie Forsberg, Grace Hansen
Design Contributors: Dorothy Toth, Pakou Moua

Library of Congress Control Number: 2019944079

Publisher's Cataloging-in-Publication Data

Names: Hansen, Grace, author.

Title: Rocas metamórficas/ by Grace Hansen

Other title: Metamorphic Rocks. Spanish

Description: Minneapolis, Minnesota : Abdo Kids, 2020. | Series: ¡Súper geología!

Identifiers: ISBN 9781098200978 (lib.bdg.) | ISBN 9781098201951 (ebook)

Subjects: LCSH: Metamorphic rocks--Juvenile literature. | Rocks--Identification--Juvenile literature. | Geology--Juvenile literature. | Spanish language materials--Juvenile literature.

Classification: DDC 552.4--dc23

Contenido

Rocas metamórficas

Las rocas se pueden encontrar por toda la Tierra. Pueden estar enterradas a gran profundidad o... ¡elevarse hacia lo más alto del cielo!

Las rocas pueden ser tan pequeñas que se pueden tirar al agua y hacer que brinquen. Y pueden medir 30,000 pies (9.1 km) de altura. Las rocas están cambiando de forma constantemente.

Las rocas metamórficas cambian a través del tiempo. En el pasado fueron **rocas sedimentarias** o **rocas ígneas**. Su formación se produce bajo tierra, bajo mucha **presión** y calor extremo.

El calor extremo proviene del **magma**. La **presión** es producida por el empuje de las **placas tectónicas**.

Las **placas tectónicas**, al chocar unas contra otras, también pueden hacer que la roca metamórfica se eleve. ¡Este moviemiento ascendente puede crear formaciones tan grandes como montañas!

13

Los diferentes tipos

Hay muchos tipos de roca metamórfica. El tipo de roca depende de por cuánto tiempo y cuánta **presión** y calor haya soportado. También depende de los **minerales** que componen la roca.

El gneis es una roca metamórfica. Tiene un aspecto rayado, con franjas. Con frecuencia contiene muchos **minerales** como el cuarzo y el feldespato.

El mármol es otro tipo de roca metamórfica. Se forma cuando la roca caliza está bajo mucha **presión** y calor. El mármol se usa a menudo en la construcción.

La pizarra se forma cuando el *shale* es comprimido por las **placas tectónicas**. Es fuerte y con buena apariencia. Por eso se usa a menudo para los tejados, los suelos, entre otras cosas.

Rocas metamórficas cambiantes

1

Una **roca sedimentaria** llamada *shale* se convierte en **pizarra** después de estar sometida a calor y bajo **presión**

2

Temperaturas y presión más altas convierten la pizarra en **filita**

3

La filita se convierte más tarde en **esquisto**

4

Después de un tiempo, el esquisto se convierte en otra roca metamórfica muy dura llamada **gneis**

Glosario

magma – materia líquida y caliente bajo la superficie de la Tierra que al enfriarse forma rocas ígneas.

mineral – substancia formada en la Tierra pero no de un animal o una planta; por ejemplo, el oro, la plata o el hierro.

placa tectónica – segmento de la corteza terrestre que se desplaza en relación con otros, causando movimientos terrestres como erupciones volcánicas.

presión – fuerza mantenida, ejercida sobre un cuerpo.

roca ígnea – roca formada por el enfriamiento y solidificación del magma o lava.

roca sedimentaria – roca formada por la acumulación y cementación de minerales o partículas orgánicas.

Índice